Kartoffelsalat ohne Schnickschnack

EDITION XXL

Inhalt

Vorwort

Zu Großmutters Zeiten waren Kartoffeln ein Grundnahrungsmittel, und das aus gutem Grund: Sie sind preiswert, schmackhaft und gesund und man kann aus ihnen die verschiedensten Gerichte zaubern. Eine beliebte Variante der Zubereitung ist der Kartoffelsalat.

„Omas Kartoffelsalat ist der beste!" – Das hört man auch heute immer wieder und tatsächlich hat fast jede Familie „ihren" Kartoffelsalat, der bei keiner Feier fehlen darf. Und welcher am besten schmeckt, ob mit Brühe oder Mayonnaise, wird manchmal zur Glaubensfrage …

Dass der Kartoffelsalat ein fester Bestandteil jedes Buffets und jeder Grillparty ist, hat gleich mehrere Gründe: Er lässt sich gut vorbereiten, enthält einfache Zutaten ohne Schnickschnack und ist äußerst verwandlungsfähig – mit ein paar Extras wird er im Handumdrehen zur wahren Delikatesse!

Das Allroundgenie Kartoffelsalat ist aber auch auf dem alltäglichen Speiseplan ein gern gesehener Gast. Servieren Sie ihn Ihrer Familie mit einer warmen Fleisch- oder Fischbeilage oder solo als kleinen Abendimbiss. Je nach Jahreszeit lässt er sich wunderbar mit frühlingsfrischem Salat, mit Wurzelgemüse oder sogar mit Früchten anreichern.

Verwenden Sie nur frische Zutaten, dann können Sie Ihren Kartoffelsalat auch am nächsten Tag noch problemlos genießen. Oft schmeckt er sogar noch besser, wenn er gut durchgezogen ist. Würzen Sie vielleicht etwas nach und dekorieren Sie ihn mit gekochten Eiern, halbierten Radieschen oder frischen Kräutern – fertig ist ein leckeres Resteessen, das diesen Namen eigentlich gar nicht verdient.

Lassen Sie sich von den abwechslungsreichen Rezepten in diesem Buch anregen: Ob Sie das einfache Grundrezept wählen und nach Ihren eigenen Ideen ergänzen oder eine der zahlreichen leckeren Varianten – Kartoffelsalat ist immer ein Genuss!

Viel Spaß beim Ausprobieren wünscht Ihnen

Ihre Elisabeth Bangert

Ratgeber

Damit Ihr Kartoffelsalat auch wirklich gut gelingt, sollten Sie einige Tipps und Ratschläge beherzigen, die auf Großmutters reichen Erfahrungsschatz zurückgehen. Die wichtigsten haben wir in diesem Kapitel für Sie zusammengestellt und mit einigen interessanten Details über die schmackhafte Knolle angereichert.

Über die Kartoffel

Als die Kartoffel vor rund 500 Jahren in Europa Einzug hielt, wurde sie wegen ihrer schönen Blüten geschätzt und als Zierpflanze kultiviert. Heute schätzt man das Nachtschattengewächs als gesundes und schmackhaftes Grundnahrungsmittel. Jeder Deutsche verspeist rund 60 Kilo Kartoffeln pro Jahr. Manche essen sie lieber als Chips, während die anderen sie gekocht bevorzugen. Egal, welche Prioritäten man setzt, auf jeden Fall kann man unter 200 verschiedenen Sorten wählen, die in drei Kategorien eingeteilt werden: festkochend, vorwiegend festkochend und mehligkochend. Ganz oben stehen festkochende Sorten wie beispielsweise Cilena, Linda, Nicola oder Siglinde, die man auch für Kartoffelsalat verwendet.

Kartoffeln haben wenig Kalorien und enthalten kaum Fett, dafür aber umso mehr Vitamin C. So decken beispielsweise zwei bis drei mittelgroße Kartoffeln bereits zwei Drittel des täglichen Gesamtbedarfs. Beachtlich sind auch die Anteile an Magnesium, Kupfer, Eisen und Mangan sowie Calcium, Phosphor, Niacin, Pantothensäure und Vitaminen der B-Gruppe.

Die vorhandenen Ballaststoffe sind ebenfalls gut für unseren Körper, besonders hoch ist der Anteil, wenn die Knolle mit Schale verzehrt wird. Alles in allem besitzt die Kartoffel Bestandteile, die wir bei einer zeitgemäßen Ernährung schätzen sollten.

Tipps und Tricks

Der Einkauf

Beim Kartoffelkauf sollten Sie darauf achten, dass die Schale keine grünen oder gar braunen Flecken aufweist. Grüne Stellen immer wegschneiden, sie enthalten das giftige Solanin, das Übelkeit und Bauchschmerzen verursachen kann. Im Winter sollten Sie Kartoffeln, die im Freien liegen, nicht kaufen, denn Kartoffeln, die Frost abbekommen haben, werden beim Kochen glasig und schmecken süßlich. Wählen Sie festkochende Sorten oder spezielle Salatkartoffeln. Wichtig ist, dass Sie nicht zu große Exemplare auswählen.

Die Zubereitung

Kartoffelsalat schmeckt am besten, wenn er schön saftig ist, deshalb sollte man nicht mit Flüssigkeit geizen. Egal, für welche Art der Zubereitung Sie sich entschieden haben, es ist immer möglich, die frisch geschnittenen Kartoffeln mit einer Gemüse- oder Fleischbrühe zu übergießen und diese einziehen zu lassen.

Ein frisches Eigelb, mit Salz und Pfeffer gewürzt und zu den frisch geschnittenen Kartoffelscheiben gegeben, verhindert, dass sie zusammenkleben, und ergibt dazu noch einen würzigen Geschmack.

Wird Gebratenes unter den Kartoffelsalat gemischt, sollte man zum Braten Öl nehmen. Fett erhärtet beim Erkalten und der Kartoffelsalat wird „pappig". Der Kartoffelsalat bleibt jedoch mit Öl schön glänzend. Bei neuen Kartoffeln sollte man die dünne Schale nicht abziehen. Die Kartoffeln gut reinigen, am besten mit einer Bürste, kochen und mit der Schale verzehren. Wenn Sie beim Kochen von neuen Kartoffeln etwas Kümmel hinzufügen, werden diese bekömmlicher.

Zeit gewinnt man, wenn man die Kartoffeln schält, schneidet und die Scheiben dann im kochenden Salzwasser gart. Vorgekochte Kartoffeln bleiben im Kühlschrank gut ein bis zwei Tage haltbar. Danach in Scheiben geschnitten und mit heißer Brühe übergossen schmecken sie wie frisch gekocht. Sie haben zudem den Vorteil, dass sie nicht zerfallen.

Das folgende Grundrezept ist eine Basis für unglaublich viele Variationen:

Grundrezept

Zutaten:
(für 4 Personen)

500 g festkochende Kartoffeln
100 ml Gemüsebrühe
3 Frühlingszwiebeln, Salz

Für die Marinade:
2 EL Essig, 2 EL Öl, 2 TL Senf
1 Eigelb, Salz, Pfeffer

Zubereitung:

1. Die Kartoffeln waschen und mit 1 TL Salz ca. 20 Minuten garen. Danach abgießen, kalt abschrecken, schälen und in Scheiben geschnitten in eine Schüssel geben. Die Gemüsebrühe erhitzen, sofort über die Kartoffelscheiben gießen und gut einziehen lassen.
2. Zwischenzeitlich die Frühlingszwiebeln putzen, waschen und in Ringe schneiden, zu den Kartoffeln geben und unterheben.
3. Aus dem Essig, dem Öl, dem Senf, dem Eigelb sowie Salz und Pfeffer eine Marinade rühren, über den Salat gießen und alles gut vermischen. Gut eine Stunde durchziehen lassen, noch einmal abschmecken und servieren.

Kartoffel-Tomaten-Salat mit Eiern

Zutaten:
(für 2–4 Personen)

250 g festkochende Kartoffeln
2 Eier
2 kleine Tomaten
2 Frühlingszwiebeln
2 Zweige Dill, zum Garnieren
Salz

Für die Marinade:
2 EL Weißweinessig
2 EL Olivenöl
1 Knoblauchzehe
Salz
Pfeffer

Zubereitung:

1. Die Kartoffeln waschen und mit 1 TL Salz ca. 20 Minuten kochen. Mit einem spitzen Küchenmesser prüfen, ob sie gar sind.

2. In der Zwischenzeit in einem Topf mit kochendem Wasser die zwei Eier hart kochen, mit einem Esslöffel herausnehmen und kalt abschrecken. Das übrig gebliebene, noch kochende Wasser über die beiden über Kreuz eingeritzten Tomaten gießen. Nach ein paar Minuten lässt sich die Schale mit einem spitzen Küchenmesser ganz leicht abziehen.

3. Die Tomaten entkernen und das Fruchtfleisch in Würfel schneiden. Die hart gekochten Eier schälen, halbieren und das Eigelb herausnehmen. Das Eiweiß in Würfel schneiden. Die Frühlingszwiebeln putzen, gut waschen und fein schneiden.

4. Für die Marinade das Eigelb in einer Schüssel mit dem Essig, dem Öl, Salz und Pfeffer mit einem Schneebesen gut verrühren. Die Knoblauchzehe schälen und durch eine Knoblauchpresse in die Marinade drücken.

5. Die abgekühlten Kartoffeln pellen und in Scheiben schneiden. Die Marinade auf die noch lauwarmen Kartoffelscheiben geben, durchmischen und ca. 20 Minuten ziehen lassen.

6. Die vorbereiteten Tomaten, das Eiweiß und die Frühlingszwiebeln zu den Kartoffeln geben und mit einem Holzrührlöffel unterheben.

7. Den Kartoffelsalat in eine flache Schüssel füllen und mit den gewaschenen und trocken geschüttelten Dillzweigen garnieren.

Tipp

Mit frischem Basilikum und Parmaschinken können Sie eine leckere Variante zubereiten.

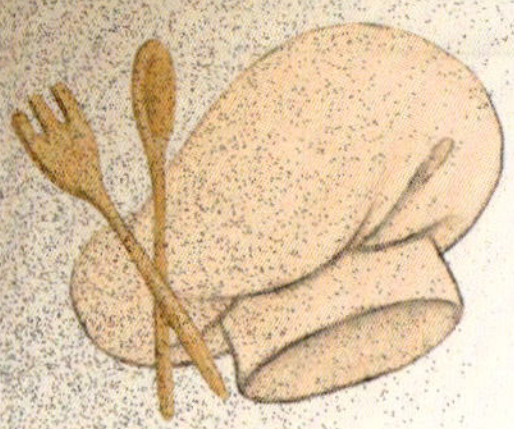

Frühlingskartoffelsalat

Zutaten:
(für 2 Personen)

250 g festkochende Kartoffeln
1 Frühlingszwiebel
½ Bund Schnittlauch
5 Radieschen
⅓ Salatgurke
2 Blätter Borretsch
1 EL ganze Leinsamenkörner
Salz

Für die Marinade:
125 g Naturjoghurt
½ TL Senf
1 TL Instant-Rinderbouillon
1 Zwiebel
2 EL Olivenöl
Salz
Pfeffer

Zubereitung:

1. Die Kartoffeln waschen und mit 1 TL Salz ca. 20 Minuten kochen. Mit einem spitzen Küchenmesser prüfen, ob sie gar sind.

2. Die geputzte Frühlingszwiebel und den Schnittlauch waschen, trocken schütteln und klein schneiden. Die Radieschen und das Stück Salatgurke waschen und in dünne Scheiben schneiden.

3. Für die Marinade den Naturjoghurt mit dem Senf und der Rinderbouillon verrühren. Die Zwiebel schälen, fein würfeln und in die Marinade geben. Das Olivenöl hinzufügen und mit Salz und Pfeffer abschmecken.

4. Die abgekühlten Kartoffeln pellen und in Scheiben schneiden. Die Joghurt-Senf-Marinade darüber geben und alles gut vermischen. Die vorbereitete Frühlingszwiebel, die Radieschen- und die Gurkenscheiben unterheben. Ca. 20 Minuten ziehen lassen. Eventuell nochmals mit Essig, Salz und Pfeffer nachwürzen.

5. Den Kartoffelsalat auf einen großen, flachen Teller geben, den Borretsch waschen, trocken schütteln und in feine Streifen schneiden. Den Kartoffelsalat mit dem Borretsch, dem Schnittlauch und dem Leinsamen bestreuen.

Tipp

Das Essen für zwei ist schneller fertig, wenn man die rohen Kartoffeln schält, sie in nicht zu dünne Scheiben schneidet und in ca. 10 Minuten gar kocht.

Kartoffelsalat mit Trauben und Käse

Zutaten:
(für 4–6 Personen)

500 g festkochende Kartoffeln
300 g kernlose Trauben
175 g junger Gouda am Stück
50 g Pinienkerne
Salz

Für die Marinade:
125 g Naturjoghurt
75 g Mascarpone
2 EL Essig
2 EL Öl
Zucker
Salz
Pfeffer

Zubereitung:

1. Die Kartoffeln waschen und mit 1 TL Salz ca. 20 Minuten kochen. Mit einem spitzen Küchenmesser prüfen, ob sie gar sind.

2. Die Trauben waschen, von den Stielen zupfen und halbieren. Den Gouda in ca. 1 cm dicke Scheiben und dann in Würfel schneiden.

3. Für die Marinade den Naturjoghurt mit dem Mascarpone verrühren. Den Essig, das Öl und eine Prise Zucker zugeben. Mit Salz und Pfeffer abschmecken.

4. Die abgekühlten Kartoffeln pellen und in Scheiben schneiden. Die Marinade über die Kartoffeln geben und gut durchmengen. Die vorbereiteten Trauben und den gewürfelten Käse unter den Kartoffelsalat heben.

5. In einer beschichteten Pfanne ohne Fett die Pinienkerne unter ständigem Rühren mit einem Holzrührlöffel goldbraun rösten. Auf ein Küchenpapier schütten.

6. Den Kartoffelsalat in einer flachen Schüssel anrichten und mit den gerösteten Pinienkernen bestreuen.

Tipp

Dieser Kartoffelsalat eignet sich hervorragend für ein Büfett. Mit Partybrötchen und Salzbutter serviert – ein Genuss! Man sollte beachten, dass man eventuell nachwürzen muss, wenn der Salat einige Zeit steht. Wer möchte, kann noch zwei bis drei hart gekochte Eier klein würfeln und untermengen.

Zutaten:
(für 4 Personen)

500 g festkochende Kartoffeln
½ Bund Radieschen
1 Zwiebel

80 ml Fleischbrühe
½ Bund Petersilie
4 Salbeiblätter
Salz

Für die Marinade:
70 g Crème fraîche
3 EL Essig
1 EL Zitronensaft
Zucker
Salz
Pfeffer

Zubereitung:

1. Die Kartoffeln waschen und mit 1 TL Salz ca. 20 Minuten kochen. Mit einem spitzen Küchenmesser prüfen, ob sie gar sind.

2. Die Radieschen putzen, waschen und in Scheiben schneiden. Die Zwiebel schälen und in feine Ringe schneiden.

3. Für die Marinade die Crème fraîche mit dem Essig, dem Zitronensaft, Salz und Pfeffer gut verrühren. Eine Prise Zucker dazugeben.

4. Die abgekühlten Kartoffeln pellen und in Scheiben schneiden. Die Fleischbrühe erhitzen und über die Kartoffelscheiben gießen. Gut durchziehen lassen, dabei hin und wieder umrühren.

5. Die Marinade über die Kartoffeln geben und alles gut mischen. Die Petersilie waschen und trocken schütteln. Die Stiele entfernen und die Petersilie fein hacken. Zusammen mit den geschnittenen Radieschen unter den Kartoffelsalat heben.

6. Den Kartoffelsalat auf Tellern anrichten und mit den Zwiebelringen und den Salbeiblättern garnieren.

Tipp

Statt der Fleischbrühe kann man auch fertige Bouillon oder Instantpulver verwenden. In heißem Wasser kurz aufgekocht, ist sie ruckzuck fertig.

Radieschen-Kartoffel-Salat

Kartoffelsalat
mit Eisbergsalat

Zutaten:
(für 4 Personen)

500 g festkochende Kartoffeln
½ Eisbergsalat
2 säuerliche Äpfel (ca. 500 g)
1 rote Paprikaschote
2 Zwiebeln
125 ml Gemüsebrühe
Salz

Für die Marinade:
1 TL Senf
3 EL Weißweinessig
1 EL Zitronensaft
½ Bund Dill
6 EL Öl
Zucker
Salz
Pfeffer

Zubereitung:

1. Die Kartoffeln waschen und mit 1 TL Salz ca. 20 Minuten kochen. Mit einem spitzen Küchenmesser prüfen, ob sie gar sind.

2. In der Zwischenzeit den Eisbergsalat putzen, waschen, in mundgerechte Stücke zupfen, auf ein Sieb geben und gut abtropfen lassen.

3. Die beiden Äpfel schälen, entkernen, das Fruchtfleisch in Spalten und dann in Würfel schneiden. Die Paprikaschote in der Mitte durchschneiden und die Kerne entfernen. Die beiden Hälften waschen, zuerst in Streifen und dann in Würfel schneiden.

4. Die abgekühlten Kartoffeln pellen und in Scheiben schneiden. Die Zwiebeln schälen und fein würfeln. Die Gemüsebrühe erhitzen und mit den fein gehackten Zwiebeln unter die Kartoffelscheiben mischen. Etwas stehen lassen, damit die Flüssigkeit in die Kartoffelscheiben einziehen kann.

5. Den Senf mit dem Essig und dem Zitronensaft gut verrühren. Salz, Pfeffer und Zucker dazugeben. Den Dill waschen und klein schneiden. Eventuell etwas Dill zum Garnieren beiseitelegen. Den Dill in die Marinade rühren und zum Schluss das Öl.

6. Den Eisbergsalat, die Apfel- und Paprikawürfel in die Marinade geben und gut durchmischen. Das Ganze dann vorsichtig unter die Kartoffelscheiben heben.

Tipp

Dieser Salat schmeckt frisch und saftig – ideal für heiße Sommertage, als Beilage zu gegrilltem Fleisch.

Rucola-Kartoffel-Salat

Zutaten:
(für 4 Personen)

500 g festkochende Kartoffeln
½ Bund Rucola (ca. 65 g)
125 ml Fleischbrühe
2 Eier
Salz

Für die Marinade:
2 EL weißer Balsamico
1 EL Rapsöl
Salz
Pfeffer

Zubereitung:

1. Die Kartoffeln waschen und mit 1 TL Salz ca. 20 Minuten kochen. Mit einem spitzen Küchenmesser prüfen, ob sie gar sind.

2. Währenddessen den Rucola putzen, die langen Stiele entfernen, die Blätter waschen, in ein Sieb geben und abtropfen lassen.

3. Die abgekühlten Kartoffeln pellen und in Scheiben schneiden. Die Fleischbrühe erhitzen, sofort über die Kartoffelscheiben gießen und durchziehen lassen.

4. Die Eier hart kochen, abschrecken, pellen und halbieren. Das Eigelb herausnehmen, das Eiweiß in kleine Würfel schneiden.

5. Für die Marinade die Eigelbe mit dem Balsamico am besten mit einem Schneebesen verrühren. Das Rapsöl, das Salz und den Pfeffer dazugeben, gut verrühren, über die Kartoffelscheiben gießen und durchrühren.

6. Etwa ⅔ des Rucola klein schneiden und unter den Kartoffelsalat mischen. Mit den restlichen Blättern die Teller auslegen. Zum Schluss die Eiweißwürfel unter den Kartoffelsalat heben.

7. Den Kartoffelsalat auf den dekorierten Tellern verteilen.

Tipp

Dieser Kartoffelsalat erhält eine pikante Note, wenn Sie frischen Parmesankäse vor dem Servieren darüber reiben.

Zutaten:
(für 4 Personen)

500 g festkochende Kartoffeln
1 Zwiebel
300 g Mais, aus der Dose
1 rote Paprikaschote
300 g Champignons
125 ml Hühnerbrühe
Salz

Für die Marinade:
150 g Frischkäse
2 EL weißer Balsamico
4 EL Öl
1 Eigelb
4 EL Milch
3 TL geriebener Meerrettich
Salz
Pfeffer

Zubereitung:

1. Die Kartoffeln waschen und mit 1 TL Salz ca. 20 Minuten kochen. Mit einem spitzen Küchenmesser prüfen, ob sie gar sind.

2. Die Zwiebel schälen und fein würfeln. Den Mais durch ein Sieb abgießen, mit klarem Wasser abspülen und gut abtropfen lassen. Die Paprikaschote halbieren, vom Kerngehäuse befreien und das Fruchtfleisch in Würfel schneiden.

3. Die Champignons mit einem Bürstchen von Schmutz befreien, putzen und in Scheiben schneiden. Die Pilze nicht waschen, der Geschmack verwässert sonst zu sehr.

4. Die Kartoffeln abgießen, abkühlen lassen, pellen und in Scheiben schneiden. Die Hühnerbrühe erhitzen und über die Kartoffelscheiben gießen. So lange durchziehen lassen, bis die Flüssigkeit vollständig aufgesogen ist. Danach die anderen Zutaten in die Schüssel geben und alles miteinander vermischen.

5. Aus Frischkäse, Essig, Öl, Eigelb, Milch, Meerrettich, Salz sowie Pfeffer eine cremige Marinade rühren, über den Salat geben und unterheben. Das Ganze eine Stunde durchziehen lassen und danach noch einmal abschmecken.

Kartoffelsalat mit Mais und Champignons

Tipp

Meerrettichwurzeln gibt es in allen Monaten mit einem „r“, also von September bis April, frisch zu kaufen. Geschält, fein gerieben und in einem Glas verschlossen hält sich Meerrettich im Kühlschrank mehrere Wochen und kann nach Belieben verwendet werden.

Kartoffel-Gurken-Salat mit Walnusssoße

Zutaten:

(für 4 Personen)

500 g festkochende Kartoffeln
½ Salatgurke
1 Zwiebel
125 ml Gemüsebrühe
½ Bund Petersilie
Salz

Für die Marinade:
70 g Mascarpone
125 g Naturjoghurt
2 EL Essig
2 EL Walnussöl
50 g Walnusskerne
Salz
Pfeffer

Zubereitung:

1. Die Kartoffeln waschen und mit 1 TL Salz ca. 20 Minuten kochen. Mit einem spitzen Küchenmesser prüfen, ob sie gar sind.

2. In der Zwischenzeit die halbe Salatgurke waschen und in dünne Scheiben schneiden. Die Zwiebel schälen und fein würfeln.

3. Für die Marinade Mascarpone und Naturjoghurt in einer Schüssel gut verrühren. Den Essig dazugeben und zum Schluss das Walnussöl. Die Walnusskerne klein hacken und unter die Marinade heben. Mit Salz und Pfeffer abschmecken.

4. Die abgekühlten Kartoffeln pellen und in Scheiben schneiden. Die Gemüsebrühe erhitzen und mit den Zwiebelwürfeln unter die Kartoffelscheiben mischen. Etwas stehen lassen, damit die Flüssigkeit in die Kartoffelscheiben einziehen kann.

5. Die Kartoffel- und Gurkenscheiben auf Portionstellern anrichten und die Marinade darüber verteilen.

6. Die Petersilie waschen und trocken schütteln. Fein hacken und über den angerichteten Kartoffelsalat streuen.

Tipp

Selbstverständlich kann man die Kartoffel- und Gurkenscheiben auch zusammen in eine große Schüssel geben und alles mit der Marinade vermischen. Wer keine ungeschälten Gurken mag, kann die Gurke auch schälen und dann hobeln. In diesem Fall nimmt man am besten eine ganze Gurke.

Kartoffelsalat mit Mangold

Zutaten:

(für 4 Personen)

500 g festkochende Kartoffeln
250 g Mangold
½ Bund Radieschen
125 ml Fleischbrühe
2 EL Essig
1 kleine Zwiebel
4 Frühlingszwiebeln
4 Zweige Petersilie
Salz

Für die Marinade:
5 EL Weißweinessig
5 EL Olivenöl
Salz
Pfeffer

Zubereitung:

1. Die Kartoffeln waschen und mit 1 TL Salz ca. 20 Minuten kochen. Mit einem spitzen Küchenmesser prüfen, ob sie gar sind.

2. In der Zwischenzeit den Mangold putzen, waschen und die Stiele entfernen. Das Grün in Streifen schneiden. Die Radieschen putzen, waschen und in feine Scheiben schneiden.

3. Die Fleischbrühe erhitzen. Die Kartoffeln abgießen, etwas abkühlen lassen, pellen und in Scheiben schneiden. Die Kartoffelscheiben in eine Schüssel geben und mit der Rinderbrühe übergießen. Die Flüssigkeit soll von den Kartoffeln vollständig aufgesogen werden.

4. In einem großen Topf reichlich Wasser mit einem Schuss Essig zum Kochen bringen und die Mangoldstreifen darin eine Minute blanchieren. Wenn möglich, direkt danach in Eiswasser legen und abschrecken, damit das Gemüse schön grün bleibt.

5. Die Zwiebel schälen und fein würfeln, die Frühlingszwiebeln putzen, waschen und in Ringe schneiden. Die Petersilie ebenfalls waschen, trocken schütteln und fein hacken. Alles zusammen mit dem Mangold und den Radieschenscheiben zu den Kartoffeln geben.

6. Für die Marinade Essig mit Öl und Salz sowie Pfeffer verrühren, über den Salat geben und alles gut miteinander vermengen. Mindestens eine Stunde durchziehen lassen und danach noch einmal abschmecken.

Tipp

Die Stiele des Mangolds müssen nicht weggeworfen werden. Geputzt, gewaschen und in Stücke geschnitten können sie fünf bis sieben Minuten in Wasser gegart und z. B. mit einer Sauce hollandaise am nächsten Tag als Gemüsebeilage zu einem anderen Gericht serviert werden.

Rustikaler
Kartoffelsalat

Tipp

Um Zwiebelreste zu vermeiden, kann man für die Marinade auch eine ganze rote Zwiebel nehmen. Sie verleiht dem Kartoffelsalat noch zusätzliche Farbe.

Zutaten:

(für 4–6 Personen)

750 g kleine, festkochende Kartoffeln
½ Rettich (ca. 350 g)
2 gelbe Zwiebeln
125 ml Gemüsebrühe
125 g Harzer Käse
Salz

Für die Marinade:
½ rote Zwiebel
½ gelbe Zwiebel
3 EL Weißweinessig
4 EL Öl
Salz
Pfeffer

Zum Garnieren:
1 Bund frische Kräuter
3 hart gekochte Eier

Zubereitung:

1. Die Kartoffeln waschen und mit 1 TL Salz ca. 20 Minuten kochen. Mit einem spitzen Küchenmesser prüfen, ob sie gar sind.

2. In der Zwischenzeit den Rettich schälen und in grobe Würfel schneiden.

3. Für die Marinade die rote und die gelbe Zwiebel halbieren. Je eine Hälfte schälen und in feine Würfel schneiden. Ca. ¼ TL Salz und etwas Pfeffer zu den Zwiebeln geben und mit einem Löffel gut durchmischen. Den Essig dazurühren. Kurz stehen lassen, bis sich das Salz aufgelöst hat. Zum Schluss das Öl einrühren. Die Marinade kräftig abschmecken.

4. Die abgekühlten Kartoffeln nicht pellen, sondern mit der Schale einfach nur halbieren. Die Zwiebeln schälen und fein würfeln. Die Gemüsebrühe erhitzen, mit den fein gehackten Zwiebeln zu den Kartoffeln geben und sofort durchmischen. Etwas stehen lassen, damit die Flüssigkeit in die Kartoffeln einziehen kann.

5. Den Harzer Käse grob würfeln, in die Marinade geben und gut durchmischen.

6. Den gewürfelten Rettich und die Salatmarinade über die Kartoffelhälften geben und vorsichtig unterheben. Mit Salz und Pfeffer abschmecken.

7. Den Kartoffelsalat auf Teller verteilen und mit Eihälften und den klein geschnittenen Kräutern garnieren.

Sommerlicher Kartoffelsalat

Zutaten:
(für 4–6 Personen)

1 kg festkochende Kartoffeln
1 mittlere Zwiebel
3 Tomaten
½ Salatgurke
½ Bund Petersilie
Salz

Für die Marinade:
100 ml Gemüsebrühe
2 EL Essig
3 EL Öl
1 EL Senf
Salz
Pfeffer

Zubereitung:

1. Die Kartoffeln waschen und mit 1 TL Salz ca. 20 Minuten gar kochen. Mit einem spitzen Küchenmesser prüfen, ob sie gar sind. Dann abgießen, mit kaltem Wasser abschrecken, pellen und abkühlen lassen.

2. Die Zwiebel schälen und in feine Würfel schneiden.

3. Die Tomaten am Blütenansatz über Kreuz einschneiden, mit kochendem Wasser überbrühen, die Haut abziehen und die Tomaten entkernen. Das Fruchtfleisch in Würfel schneiden.

4. Die Salatgurke schälen, längs halbieren, die Kerne mit einem Teelöffel herauskratzen und die Gurkenhälften fein hobeln.

5. Die Kartoffeln in dünne Scheiben schneiden, mit den Zwiebel- und Tomatenwürfeln und den Gurkenscheiben in einer großen Schüssel vermengen.

6. Die Gemüsebrühe erhitzen und über die Salatzutaten gießen. Das Ganze kurz durchziehen lassen.

7. Die Petersilie waschen, trocken schütteln, fein schneiden und zum Kartoffelsalat geben.

8. Den Essig, das Öl, den Senf, Salz und Pfeffer hinzufügen. Alles gut vermischen und den Salat pikant abschmecken.

Tipp

Den Kartoffelsalat vor dem Servieren etwa eine Stunde durchziehen lassen und anschließend noch einmal abschmecken.

Party-Kartoffelsalat

Zutaten:
(für 12 Personen)

1½ kg festkochende Kartoffeln
1 Fenchelknolle
½ Knollensellerie
1 Staudensellerie

150 g Muskatkürbis
3 kleine rote Zwiebeln
4 EL Olivenöl
1 l Gemüsebrühe
Salz

Für die Marinade:
8 EL Essig
8 EL Öl
4 EL Senf
4 Eigelb
Salz
Pfeffer

Zubereitung:

1. Die Kartoffeln waschen und in Salzwasser ca. 25 bis 30 Minuten kochen. Mit einem spitzen Küchenmesser prüfen, ob sie gar sind.

2. Das Gemüse putzen, waschen und in kleine Würfel schneiden. Die Zwiebeln schälen und ebenfalls fein würfeln. Die Kartoffeln abgießen, abkühlen lassen, pellen und in Scheiben schneiden.

3. Das Olivenöl in einem großen Topf erhitzen und die Gemüsewürfel unter Rühren zwei bis drei Minuten anschwitzen, dann mit der Gemüsebrühe ablöschen und ca. 1 Minute aufkochen lassen.

4. Das Gemüse zusammen mit dem Sud zu den Kartoffelscheiben geben und alles gut in einer Schüssel miteinander vermengen.

5. Aus Essig, Öl, Senf, den Eigelben sowie Salz und Pfeffer eine Marinade rühren und zusammen mit den Zwiebelwürfeln über den Salat geben. Alles gut vermischen und mindestens eine Stunde durchziehen lassen. Danach nochmals abschmecken.

Tipp

Wenn Sie spontan eine Party feiern und Ihren Gästen einen solchen Salat servieren möchten, verarbeiten Sie einfach alles an Gemüse, was Sie noch zu Hause haben. Die angegebenen Mengen lassen sich gut verändern. Gegebenenfalls nehmen Sie von einer Sorte mehr und lassen dafür eine andere weg.

Kartoffelsalat mit Brunnenkresse

Zutaten:

(für 4–6 Personen)

800 g festkochende Kartoffeln
1 Handvoll Brunnenkresse
1 Schalotte
150 ml Gemüsebrühe
2 EL frischer Kerbel, gehackt
Salz

Für die Marinade:
2 EL Olivenöl
2 EL Traubenkernöl
2 EL Weißweinessig
1–2 TL Zitronensaft
1 TL scharfer Senf
Salz
Pfeffer

Zubereitung:

1. Die Kartoffeln waschen und mit 1 TL Salz ca. 20 Minuten kochen. Mit einem spitzen Küchenmesser prüfen, ob sie gar sind.

2. Die Blättchen der Brunnenkresse abzupfen und grob hacken. Einige Blättchen für die Garnitur zurücklegen. Die Schalotte schälen und fein würfeln.

3. Die Kartoffeln abgießen, etwas abkühlen lassen, pellen und in Scheiben schneiden.

4. Die Gemüsebrühe mit den Schalottenwürfeln aufkochen und über die Kartoffeln gießen. Ca. 15 Minuten ziehen lassen.

5. Für die Marinade das Öl und den Essig mit dem Zitronensaft und dem Senf sowie Salz und Pfeffer verrühren. Über die Kartoffeln geben und alles gut vermischen.

6. Die Brunnenkresse und den Kerbel untermengen. Den Salat mit Salz und Pfeffer abschmecken und mit der restlichen Kresse garniert servieren.

Tipp

Die Brunnenkresse hat einen scharf-würzigen Geschmack und ist mit der Gartenkresse verwandt. Anstelle von Brunnenkresse kann also für diesen Kartoffelsalat ebensogut Gartenkresse verwendet werden.

Zutaten:

(für 4 Personen)

500 g festkochende Kartoffeln
200 g Zuckerschoten
200 g grüner Spargel
Salz

Für die Marinade:
1 Schalotte
5 EL Rapsöl
100 ml Fleischbrühe
2–3 Stängel Kerbel
2 Stängel Petersilie
2 EL Weißweinessig
1–2 TL mittelscharfer Senf
Zitronensaft
Zucker
Salz
Pfeffer

Zubereitung:

1. Die Kartoffeln waschen und mit 1 TL Salz ca. 20 Minuten kochen. Mit einem spitzen Küchenmesser prüfen, ob sie gar sind.

2. In der Zwischenzeit die Zuckerschoten waschen, putzen und die Enden abknipsen. Das untere Drittel des Spargels schälen, die holzigen Enden entfernen und die Spargelstangen in kochendem Wasser mit einer Prise Salz 5 Minuten blanchieren. Die Zuckerschoten für 2 Minuten mitblanchieren. Beides anschließend abgießen, kalt abschrecken und gut abtropfen lassen.

3. Für die Marinade die Schalotte abziehen, fein hacken und in einer Pfanne in 1 EL heißem Öl glasig schwitzen. Mit der Brühe ablöschen und vom Herd nehmen. Die Kräuter waschen, trocken schütteln und die Blätter von den Stielen zupfen. Das restliche Öl, den Essig, den Senf und die Kräuter zum Dressing geben und kurz pürieren. Mit einem Spritzer Zitronensaft, Zucker, Salz und Pfeffer abschmecken.

4. Die Kartoffeln abgießen, etwas abkühlen lassen, pellen und in Scheiben schneiden. Den Spargel in 3 cm lange Stücke schneiden und die Zuckerschoten halbieren.

5. Alle Salatzutaten in einer Schüssel mit der Marinade vermischen und für mindestens 20 Minuten ziehen lassen. Danach in einer Servierschüssel anrichten.

Tipp

Dieser frühlingsfrische Salat eignet sich sehr gut als Beilage zu gebratenem Lachsfilet oder gegrillten Scampis. Beide sind geschmacklich eine harmonische Ergänzung zu grünem Spargel und Zuckerschoten.

Grüner Kartoffelsalat

Zutaten:
(für 4 Personen)

600 g festkochende Kartoffeln
150 g Rucola
200 g Austernseitlinge
2 EL Rapsöl
100 g Feta
2 EL Kürbiskernöl
Salz

Für die Marinade:
1 Schalotte
100 ml Fleischbrühe
4 EL Essig
1 TL scharfer Senf
Salz
Pfeffer

Zubereitung:

1. Die Kartoffeln waschen und mit 1 TL Salz ca. 20 Minuten kochen. Mit einem spitzen Küchenmesser prüfen, ob sie gar sind.

2. Inzwischen den Rucola waschen, putzen und trocken schleudern. Die Austernseitlinge putzen und in Streifen schneiden. Die Schalotte schälen und fein hacken.

3. Die Kartoffeln abgießen, etwas abkühlen lassen, pellen und in Scheiben schneiden.

4. Die Fleischbrühe erhitzen, die Schalotten zugeben und den Essig sowie den scharfen Senf unterrühren. Über die Kartoffeln gießen, salzen, pfeffern und ca.10 Minuten ziehen lassen.

5. Die Pilze im heißen Rapsöl goldbraun anbraten, salzen und pfeffern. Den Kartoffelsalat abschmecken und auf dem Rucola anrichten. Die Pilze und den zerbröckelten Feta darüber streuen und mit Kürbiskernöl beträufelt servieren.

Tipp

Die Austernseitlinge kann man problemlos gegen Champignons austauschen, die auf die gleiche Weise zubereitet werden. Kaufen Sie wenn möglich braune statt weiße Champignons, da diese aromatischer sind.

Pilz-Kartoffel-Salat

mit Rucola

Kartoffelsalat
mit Kräuterquark

Zutaten:
(für 4–6 Personen)

800 g kleine, neue Kartoffeln
2 rote Zwiebeln
2 EL Pflanzenöl
Salz

Für den Kräuterquark:
2–3 Stängel Zitronenbasilikum
100 g Joghurt
2 EL Apfelessig
1 EL Zitronensaft
200 g Quark
Zucker
Salz
Pfeffer

Zubereitung:

1. Die Kartoffeln waschen und mit 1 TL Salz ca. 20 Minuten kochen. Mit einem spitzen Küchenmesser prüfen, ob sie gar sind.

2. Die Zwiebeln schälen und in Ringe schneiden.

3. Die Kartoffeln abgießen, etwas abkühlen lassen, pellen und in Scheiben schneiden.

4. Die Zwiebeln in einer heißen Pfanne mit dem Öl glasig anschwitzen. Die Kartoffeln unterschwenken, 2–3 Minuten mitbraten, salzen, pfeffern, vom Herd nehmen und lauwarm abkühlen lassen. Anschließend auf tiefe Teller verteilen.

5. Das Zitronenbasilikum abbrausen, trocken schütteln, die Blätter abzupfen, einige zum Garnieren beiseitelegen und den Rest fein hacken. Mit dem Joghurt, dem Essig, 2–3 EL Wasser und dem Zitronensaft unter den Quark rühren und alles mit Zucker, Salz und Pfeffer abschmecken. Über die Kartoffeln geben und mit den übrigen Blättern garniert servieren.

Tipp

Wenn es besonders schnell gehen soll, können Sie auch einen fertig gekauften Kräuterquark verwenden. Eine weitere leckere Variante erhalten Sie mit Tsatsiki – auch hier findet man gute Fertigprodukte im Kühlregal.

Tipp

Da die Saison für frische Saubohnen recht kurz ist (von Mitte Mai bis Ende August), kann man für diesen Salat ebensogut tiefgekühlte Bohnen verwenden.

Bohnen-Kartoffel-Salat mit Ei

Zutaten:
(für 4–6 Personen)

800 g kleine, festkochende Kartoffeln
200 g frische Saubohnen, gepahlt
200 g frische, gelbe Bohnen
4 Eier
Salz

Für die Marinade:
2 rote Zwiebeln
3–4 EL Olivenöl
120 ml Gemüsebrühe
40 ml Weißweinessig
1 EL glatte Petersilie, gehackt
1 TL mittelscharfer Senf
Salz
Pfeffer

Zubereitung:

1. Die Kartoffeln waschen und mit 1 TL Salz ca. 20 Minuten kochen. Mit einem spitzen Küchenmesser prüfen, ob sie gar sind. Abgießen, ausdampfen lassen und quer halbieren.

2. Beide Bohnensorten verlesen, waschen, putzen und 5–6 Minuten in kochendem Wasser mit einer Prise Salz blanchieren. Abgießen, kalt abschrecken und gut abtropfen lassen. Die gelben Bohnen in Stücke schneiden.

3. Die Eier ca. 10 Minuten hart kochen. Dann kalt abschrecken, pellen und in Viertel schneiden.

4. Die Zwiebeln schälen, klein würfeln und in einem Topf mit 1 EL heißem Öl glasig schwitzen. Die Brühe und die Hälfte des Essigs dazugeben und bei mittlerer Hitze 10 Minuten köcheln lassen.

5. Die Kartoffeln mit den Bohnen, der Petersilie und der heißen Marinade mischen und 20 Minuten ziehen lassen.

6. Das restliche Öl, den übrigen Essig, den Senf, Salz und Pfeffer verrühren und unter den Salat mischen.Zusammen mit den Eiern auf Tellern angerichtet servieren.

Herbstlicher Kartoffelsalat

Zutaten:

(für 4–6 Personen)

800 g festkochende Kartoffeln
250 g Zwetschgen
1 rote Zwiebel
1 Handvoll Gundermann
(ersatzweise glatte Petersilie)

Für die Marinade:
100 ml Sanddornsaft
2 EL Honig
1 TL scharfer Senf
5 EL Rapsöl
Salz

Zubereitung:

1. Die Kartoffeln schälen, waschen und in mundgerechte Stücke schneiden. In Salzwasser ca. 15 Minuten gar kochen. Anschließend abgießen und abkühlen lassen.

2. Die Zwetschgen waschen, entsteinen und in Spalten schneiden. Die Zwiebel schälen, halbieren und in Streifen schneiden. Den Gundermann bzw. die Petersilie abbrausen, abzupfen und die Blätter hacken. Einige Blätter zum Garnieren beiseitelegen.

3. Für die Marinade den Sanddornsaft mit 3–4 EL Wasser, dem Honig, dem Senf und dem Öl verrühren und mit Salz abschmecken.

4. Die Kartoffeln zusammen mit den Zwetschgen und der Zwiebel auf Tellern anrichten, das Dressing darübergeben und mit dem Gundermann bzw. der Petersilie bestreut servieren.

Tipp

Gundermann ist ein wildwachsendes Kraut mit lakritzartigem, leicht bitterem Geschmack. Er wird nur selten angebaut. Wenn Sie im Handel keinen Gundermann bekommen, können Sie ihn durch glatte Petersilie ersetzen.

Kartoffel-Spargel-Salat

Zutaten:

(für 4 Personen)

600 g festkochende Kartoffeln
500 g weißer Spargel
Saft einer Zitrone
3 Handvoll junge Mangoldblätter
1 Handvoll Babyspinat
Zucker
Salz

Für die Marinade:
4 EL Kürbiskernöl
2 EL weißer Balsamico
2 EL Apfelessig
Zucker
Salz
Pfeffer

Zubereitung:

1. Die Kartoffeln waschen und mit 1 TL Salz ca. 20 Minuten kochen. Anschließend auskühlen lassen, pellen und jeweils längs vierteln.

2. Den Spargel waschen, schälen und die holzigen Enden abschneiden. In einem Topf Wasser mit etwas Zucker, Salz und Zitronensaft zum Kochen bringen. Darin den Spargel 8–10 Minuten bissfest garen. Danach abgießen und 2–3 EL Kochwasser auffangen. Die Spargelstangen in ca. 5 cm lange Stücke schneiden und längs halbieren.

3. Die Mangold- und Spinatblätter abbrausen und trocken schütteln.

4. Das Öl mit den beiden Essigsorten und dem Spargelwasser verquirlen. Mit Zucker, Salz und Pfeffer abschmecken.

5. Die Kartoffeln, den Spargel und die Mangold- sowie die Spinatblätter mit dem Dressing vermengen, nochmals abschmecken und servieren.

Tipp

Mangold und Spinat ähneln sich nicht nur im Aussehen, sondern auch im Geschmack. Sie können also problemlos nur eine der beiden Gemüsesorten verwenden, wenn Sie die jeweilige Menge entsprechend erhöhen.

Kohlrabi-Kartoffel-Salat mit Speck

Zutaten:
(für 4 Personen)

500 g festkochende Kartoffeln
1 Kohlrabi (ca. 300 g)
1 EL Öl
125 g gewürfeltes Dörrfleisch
Salz

Für die Marinade:
2 EL Salatmayonnaise
1 TL Worcestersoße
1 TL Sahnemeerrettich
2 Schalotten
Salz
Pfeffer

Zubereitung:

1. Die Kartoffeln waschen und mit 1 TL Salz ca. 20 Minuten kochen. Mit einem spitzen Küchenmesser prüfen, ob sie gar sind.

2. Den Kohlrabi schälen, vierteln und in Scheiben schneiden. In einem großen Topf etwa 2 Liter Wasser mit 1 TL Salz zum Kochen bringen. Die Kohlrabischeiben in das kochende Wasser geben und ca. 5 Minuten blanchieren. In ein Sieb schütten und gut abtropfen lassen.

3. Für die Marinade die Salatmayonnaise mit der Worcestersoße und dem Sahnemeerrettich gut verrühren. Die Schalotten putzen, waschen, in feine Ringe schneiden und in die Marinade einrühren, mit Salz und Pfeffer abschmecken.

4. Die abgekühlten Kartoffeln pellen und in Scheiben schneiden. Die Marinade über die Kartoffeln geben und gut durchmengen. Die Kohlrabischeiben unterheben.

5. In einer Pfanne einen Esslöffel Öl erhitzen und die Dörrfleischwürfel kräftig darin anbraten. Auf Küchenpapier legen, damit das Fett aufgesaugt wird. Die Würfel zurück in die heiße Pfanne geben.

6. Den Kartoffelsalat auf Tellern anrichten und mit den heißen Dörrfleischwürfeln bestreuen.

Tipp

Der Kartoffelsalat wird sehr geschmeidig und bekommt eine schöne Farbe, wenn man über die frisch geschnittenen Kartoffelscheiben ein oder zwei Eigelbe gibt und gut durchmengt. Achten Sie aber unbedingt darauf, dass die Eigelbe ganz frisch sind und bewahren Sie den fertigen Salat kühl auf!

Pfifferling-Kartoffel-Salat

Tipp

Statt der Schinkenwürfel kann man auch gewürfeltes Dörrfleisch verwenden. Das Dörrfleisch sollte man aber zuerst anbraten, dann erst die Pilze und die Zwiebel dazugeben und weiterbraten. Nur sparsam salzen!

Zutaten:

(für 4 Personen)

- 500 g festkochende Kartoffeln
- 200 g frische Pfifferlinge
- 1 Zwiebel
- 5 EL Öl
- 250 g Schinkenwürfel (Katenschinken)
- Salz
- Pfeffer

Für die Marinade:

- 3 EL Essig
- 2 EL Öl
- ½ Bund Petersilie
- Salz
- Pfeffer

Zubereitung:

1. Die Kartoffeln waschen und mit 1 TL Salz ca. 20 Minuten kochen. Mit einem spitzen Küchenmesser prüfen, ob sie gar sind.

2. Die Pfifferlinge verlesen und mit einem Kuchenpinsel gut säubern. Nur bei Bedarf waschen. Die Zwiebel schälen und in feine Würfel schneiden.

3. 5 EL Öl in einer Pfanne erhitzen und die Pfifferlinge darin etwa 5 Minuten anbraten. Die Schinken- und Zwiebelwürfel dazugeben und weitere 5 Minuten unter ständigem Rühren weiterbraten. Mit wenig Salz und Pfeffer würzen.

4. Für die Marinade den Essig, das Öl, Salz und Pfeffer gut verrühren. Die Petersilie waschen, trocken schütteln, die Blättchen fein hacken. ⅔ der gehackten Petersilie in die Marinade rühren.

5. Die abgekühlten Kartoffeln pellen und in Scheiben schneiden. Die Pfifferlinge mit den Schinken- und Zwiebelwürfeln mit dem Öl aus der Pfanne über die Kartoffelscheiben geben und unterrühren.

6. Die Marinade über die Kartoffeln gießen und gut durchmischen. Dann den Kartoffelsalat auf Tellern anrichten und mit der restlichen fein gehackten Petersilie bestreuen.

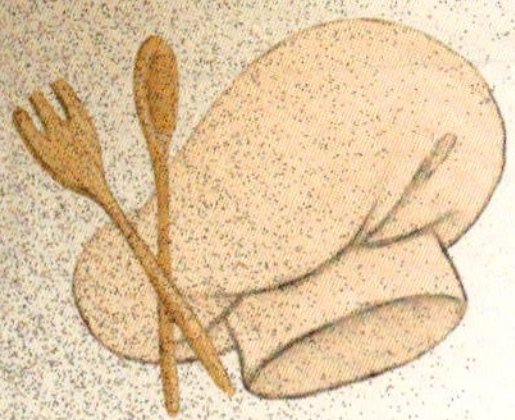

Kartoffelsalat mit Frikadellen

Zutaten:

(für 4–6 Personen)

500 g festkochende Kartoffeln
1 große Zwiebel
2 EL Öl
150 g magere Schinkenwürfel
Salz

Für die Marinade:
125 ml Fleischbrühe
2 EL Essig
2 EL Öl
Salz
Pfeffer

Für die Frikadellen:
1 altbackenes Brötchen
500 g gemischtes Hackfleisch
1 Ei
1 große Zwiebel
Muskatnuss, gerieben
Butterschmalz zum Anbraten
Salz
Pfeffer

Zubereitung:

1. Die Kartoffeln waschen und mit 1 TL Salz ca. 20 Minuten gar kochen. Abgießen, mit kaltem Wasser abschrecken und pellen.

2. Während die Kartoffeln kochen, die Zwiebeln schälen und fein würfeln. Das Öl in einer Pfanne erhitzen und die Schinkenwürfel darin kross anbraten, die Hälfte der Zwiebelwürfel hinzufügen und mitbraten.

3. Die geschälten Kartoffeln in Scheiben schneiden. Sofort die angebratenen Schinken- und Zwiebelwürfel über die noch warmen Kartoffelscheiben geben und vorsichtig unterheben.

4. Die Fleischbrühe erhitzen und sofort über die Kartoffeln gießen. Mit Essig, Öl, Salz und Pfeffer abschmecken und durchziehen lassen.

5. Das Brötchen in heißem Wasser einweichen. Das Hackfleisch zusammen mit dem Ei, den restlichen Zwiebelwürfeln und dem gut ausgedrückten Brötchen in eine Schüssel geben und gründlich vermengen. Mit Salz, Pfeffer und einer Prise Muskatnuss abschmecken.

Tipp

Probieren Sie doch einmal Frikadellen aus Hähnchen- oder Truthahnhackfleisch.

6. Das Butterschmalz in einer Pfanne erhitzen. Aus der Fleischmasse ca. 18 Frikadellen formen und diese rundherum im heißen Fett braten. Mit dem Kartoffelsalat servieren.

Zutaten:
(für 4 Personen)

500 g festkochende Kartoffeln
1 kleine Zwiebel
150 g Champignons
1 dicke Scheibe gekochter Schinken (ca. 300 g)

50 ml Gemüsebrühe
2 EL Zitronensaft
3 TL eingelegte, grüne Pfefferkörner
1 Schale Kresse
Salz

Für die Marinade:
2 EL Essig
2 EL Öl
1 TL Senf
Salz

Zubereitung:

1. Die Kartoffeln waschen und mit 1 TL Salz ca. 20 Minuten kochen. Mit einem spitzen Küchenmesser prüfen, ob sie gar sind.

2. Während die Kartoffeln kochen, die Zwiebel schälen und fein würfeln. Die Champignons mit einem Pinsel säubern und in Scheiben schneiden. Den gekochten Schinken in ca. 1 cm große Würfel schneiden.

3. Die Kartoffeln pellen und in Scheiben schneiden. Die Gemüsebrühe erhitzen, die Zwiebelwürfel und den Zitronensaft hinzufügen. Alles sofort über die noch warmen Kartoffelscheiben gießen und einziehen lassen.

4. Danach die Schinkenwürfel und die Champignonscheiben sowie die grünen Pfefferkörner hinzufügen und alles vorsichtig unterheben.

5. Aus Essig, Öl, Senf und Salz eine Marinade rühren und über den Salat gießen. Noch einmal gut durchmischen und ziehen lassen. Zwischenzeitlich die Kresse abschneiden, waschen und auf Küchenpapier abtropfen lassen. Zum Schluss unter den Salat mischen und servieren.

Schinken-Kartoffel-Salat

Tipp

Grüner Pfeffer besitzt eine angenehme Schärfe, die sehr gut mit den restlichen, eher milden Zutaten harmoniert. Man kann auch mit Zitronenpfeffer oder rosa Pfefferbeeren experimentieren. Auf ganz scharfe Mischungen sollte man jedoch eher verzichten.

Kartoffelsalat
mit Schweinefilet

Zutaten:
(für 4 Personen)

600 g festkochende Kartoffeln
1 Apfel
2 EL Olivenöl
1 Schweinefilet (ca. 600 g)

30 g eingelegte, grüne Pfefferkörner
150 ml Fleischbrühe
1 Schale Kresse
Paprikapulver
Salz
Pfeffer

Für die Marinade:
2 EL Essig
1 EL Zitronensaft
1 TL Sojasoße
1 TL Senf
2 EL Öl
Salz
Pfeffer

Zubereitung:

1. Die Kartoffeln waschen und mit 1 TL Salz ca. 20 Minuten kochen. Mit einem spitzen Küchenmesser prüfen, ob sie gar sind.

2. Den Apfel schälen, vierteln, entkernen und das Fruchtfleisch in kleine Würfel schneiden.

3. Das Olivenöl in einer Pfanne erhitzen und das Filet darin scharf anbraten, die Pfefferkörner in die heiße Pfanne dazugeben. Das Filet herausnehmen, in ca. 2 cm dicke Scheiben schneiden und von beiden Seiten nochmals kurz anbraten. Mit Salz, Pfeffer und Paprikapulver würzen und in der Pfanne warm halten. Beachten Sie, dass das Filet in der heißen Pfanne noch nachgart.

4. Für die Marinade den Essig, den Zitronensaft, die Sojasoße, den Senf und das Öl verrühren. Mit Salz und Pfeffer abschmecken.

5. Die abgekühlten Kartoffeln pellen und in Scheiben schneiden. Die Fleischbrühe erhitzen, sofort über die Kartoffel gießen und gut durchmengen. Ziehen lassen, bis die Flüssigkeit aufgesaugt ist, dabei gelegentlich umrühren.

6. Die Marinade und die Apfelstücke über die Kartoffelscheiben geben und gut durchmischen. Die Filetscheiben in kleine Stücke schneiden und zusammen mit den Pfefferkörnern zum Kartoffelsalat geben. Mit einem Holzrührlöffel unterheben.

Tipp

Physalis geben diesem Gericht einen fruchtigen Geschmack. Sie können zur Dekoration verwendet oder auch gleich unter den Kartoffelsalat gemischt werden.

7. Den Kartoffelsalat in eine Schüssel füllen, mit Kresse bestreuen und sofort servieren.

Kartoffelsalat

mit Käseknackern

Tipp

Wer keine Käseknacker mag, kann diese durch Wiener Würstchen oder Fleischwurstwürfel ersetzen.

Zutaten:

(für 6–8 Personen)

750 g festkochende Kartoffeln
2 Stangen Lauch
5 Radieschen
2 Käseknacker-Würstchen
2 EL braunes Instant-Soßenpulver
Salz

Für die Marinade:
2 EL Essig
2 EL Öl
2 Knoblauchzehen
Salz
Pfeffer

Zubereitung:

1. Die Kartoffeln waschen und mit 1 TL Salz ca. 20 Minuten kochen. Mit einem spitzen Küchenmesser prüfen, ob sie gar sind.

2. Den Lauch putzen, waschen und in ca. 1 cm dicke, schräge Scheiben schneiden. Etwa 2 l Salzwasser zum Kochen bringen und den klein geschnittenen Lauch in das kochende Wasser geben. 5–7 Minuten blanchieren. In ein Sieb schütten und gut abtropfen lassen.

3. Die Radieschen putzen, waschen und in dünne Scheiben schneiden. Die Käseknacker in etwa 1 cm dicke Scheiben schneiden.

4. Für die Marinade den Essig und das Öl verrühren, die Knoblauchzehen schälen und durch eine Knoblauchpresse in die Essig-Öl-Soße drücken, verrühren und mit Salz und Pfeffer abschmecken.

5. Die abgekühlten Kartoffeln pellen und in Scheiben schneiden. 125 ml Wasser zum Kochen bringen, das Soßenpulver einrühren und kurz aufkochen lassen. Sofort über die geschnittenen Kartoffeln gießen und gut durchmengen. Ziehen lassen, bis die Flüssigkeit aufgesaugt ist, dabei gelegentlich umrühren.

6. Die Marinade über die Kartoffelscheiben geben und gut durchmischen. Den blanchierten Lauch, die geschnittenen Radieschen und die Käseknackerstücke unter den Kartoffelsalat heben. In einer großen Schüssel oder portionsweise auf Tellern anrichten und servieren.

Herzhafter *Kartoffelsalat*

Zutaten:

(für 4–6 Personen)

800 g festkochende, kleine Kartoffeln
1 Zwiebel
2 hart gekochte Eier
125 g Fleischwurst

1 große Gewürzgurke
150 g Erbsen aus der Dose
125 g Dörrfleisch
1 TL Salz

Für die Marinade:
125 ml Fleischbrühe
Saft einer halben Zitrone
2 EL Gurkenwasser
1 EL Senf
4 EL Salatmayonnaise
Salz
Pfeffer

Zubereitung:

1. Die Kartoffeln waschen und mit 1 TL Salz ca. 20 Minuten gar kochen. Abgießen, mit kaltem Wasser abschrecken, pellen und abkühlen lassen.

2. Die Zwiebel schälen und in feine Würfel schneiden. Die gepellten Eier und die Fleischwurst ebenfalls würfeln. Die Gewürzgurke längs in Scheiben und dann in Stifte schneiden.

3. Die Kartoffeln in dünne Scheiben schneiden, zusammen mit den abgetropften Erbsen, den Zwiebel-, Eier- und Fleischwurstwürfeln sowie den Gurkenstiften in einer großen Schüssel vermengen.

4. Die Fleischbrühe erhitzen und über die Salatzutaten gießen. Das Ganze kurz durchziehen lassen.

5. Dann aus dem Zitronensaft, dem Gurkenwasser, dem Senf, der Salatmayonnaise, Salz und Pfeffer eine Marinade rühren, darübergießen und alles vorsichtig unterheben. Den Salat etwa eine Stunde durchziehen lassen und anschließend gegebenenfalls noch einmal abschmecken.

6. Das Dörrfleisch in Würfel schneiden, in einer Pfanne ohne Fett knusprig ausbraten und erst kurz vor dem Servieren ohne das ausgetretene Fett unter den Kartoffelsalat mischen.

Tipp

Anstelle der Fleischwurst können Sie natürlich auch eine andere Wurstsorte oder auch gekochten Schinken wählen. Sie werden sehen, der Salat schmeckt immer wieder anders.

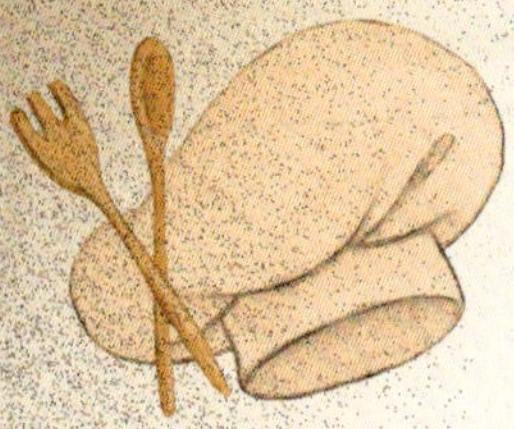

Kartoffelsalat à la Stroganoff

Zutaten:

(für 6–8 Personen)

1 kg festkochende Kartoffeln
500 g Tomaten
2 EL Olivenöl
500 g Schweinefleisch, geschnetzelt
150 ml Fleischbrühe
Paprikapulver
Salz
Pfeffer

Für die Marinade:
3 EL Essig
3 EL Öl
2 TL Sojasoße
2 TL Senf
Salz
Pfeffer

Zubereitung:

1. Die Kartoffeln waschen und mit 1 TL Salz ca. 20 Minuten kochen. Mit einem spitzen Küchenmesser prüfen, ob sie gar sind.

2. Die Tomaten am Stielansatz über Kreuz mit einem scharfen Messer einritzen und mit kochendem Wasser übergießen. Wenn sich die Schale rollt, das Wasser abgießen und die Haut abziehen. Die Tomaten halbieren, die Kerne entfernen und das Fruchtfleisch würfeln.

3. Das Olivenöl in einer Pfanne erhitzen und das Geschnetzelte scharf darin anbraten. Mit Salz, Pfeffer und Paprikapulver würzen und in der Pfanne warm halten. Das Geschnetzelte gart in der heißen Pfanne noch nach.

4. Für die Marinade den Essig, das Öl, die Sojasoße und den Senf verrühren. Mit Salz und Pfeffer abschmecken.

5. Die abgekühlten Kartoffeln pellen und in Scheiben schneiden. Die Fleischbrühe erhitzen, sofort über die geschnittenen Kartoffeln gießen und gut durchmengen. Ziehen lassen, bis die Flüssigkeit aufgesaugt ist, dabei gelegentlich umrühren.

6. Die Marinade über die Kartoffelscheiben geben und gut durchmischen. Die Tomatenwürfel und das Geschnetzelte dazugeben, mit einem Holzrührlöffel unterheben und sofort servieren.

Tipp

Mit Feldsalat serviert ist dies ein komplettes Gericht, wenn Gäste kommen. Der Kartoffelsalat kann sehr gut vorbereitet und das Geschnetzelte erst kurz vor dem Servieren untergehoben werden.

Kartoffel-Kraut-Salat mit Bratwürstchen

Tipp

Den Krautsalat kann man gut einen Tag vorher zubereiten, dann zieht er besser durch und der Kartoffelsalat ist am nächsten Tag schneller fertig.

Zutaten:
(für 6–8 Personen)

1 kg festkochende Kartoffeln
2 Zwiebeln
100 ml Gurkenwasser
1 Bund Petersilie
6 kleine, grobe Bratwürste
2 EL Bratfett
Salz

Für die Marinade:
4 EL Essig
4 EL Öl
Salz
Pfeffer

Für den Krautsalat:
½ Kopf Weißkraut
1 Zwiebel
1 TL Kümmel
3 EL Essig
3 EL Öl
Salz
Pfeffer

Zubereitung:

1. Die Kartoffeln waschen und mit 1 TL Salz ca. 20 Minuten kochen. Mit einem spitzen Küchenmesser prüfen, ob sie gar sind.

2. In der Zwischenzeit das Weißkraut vierteln, den Strunk entfernen. Die beiden Viertel in feine Streifen schneiden und waschen. In einem großen Topf etwa 3–4 l Wasser mit 1 TL Salz zum Kochen bringen. Das Kraut hineingeben und ca. 10–15 Minuten garen. Das Kraut in ein Sieb geben, abtropfen und abkühlen lassen.

3. Die abgekühlten Kartoffeln pellen und in Scheiben schneiden. Die beiden Zwiebeln schälen, fein würfeln und zusammen mit dem Gurkenwasser über die geschnittenen Kartoffeln geben.

4. Für die Marinade Essig, Öl, Salz und Pfeffer verrühren, über die Kartoffelscheiben gießen und durchmischen. Gut durchziehen lassen.

5. Für den Krautsalat die Zwiebel schälen und in feine Würfel schneiden. Die Zwiebelwürfel zusammen mit dem Salz, Pfeffer, Kümmel, Essig und Öl über das abgekühlte Kraut geben und gut durchmischen.

6. Das Bratfett erhitzen und die Bratwürste darin scharf anbraten.

7. Den Kartoffelsalat mit dem Krautsalat mischen. Die Bratwürste in ca. 1 cm dicke Stücke schneiden und zusammen mit dem Bratfett über den Kartoffelsalat geben. Das Ganze gut durchmischen, auf Portionsteller aufteilen, mit der gewaschenen, trocken geschüttelten und grob gehackten Petersilie garnieren und den Kartoffelsalat sofort servieren.

Zutaten:

(für 4–6 Personen)

800 g festkochende Kartoffeln
1 Möhre
200 g Knollensellerie
1 kleine Stange Lauch
150 ml Gemüsebrühe
4 EL Weißweinessig
1 TL Majoran, getrocknet
1 Apfel
200 g Fleischwurst
3 EL Sonnenblumenöl
Salz
Pfeffer

Zubereitung:

1. Die Kartoffeln waschen und mit 1 TL Salz ca. 20 Minuten kochen. Mit einem spitzen Küchenmesser prüfen, ob sie gar sind.

2. Die Möhre und den Sellerie schälen und in feine Streifen schneiden. Den Lauch waschen, putzen und in Ringe schneiden.

3. Die Brühe aufkochen und das Gemüse darin ca. 4 Minuten garen. Durch ein Sieb abgießen, dabei die Brühe auffangen, das Gemüse abschrecken und gut abtropfen lassen.

4. Die Kartoffeln abgießen, etwas abkühlen lassen, pellen und in Scheiben schneiden. In eine Schüssel geben und mit Salz und Pfeffer würzen. Den Essig und den Majoran zum Gemüsesud geben, alles über die Kartoffeln gießen und ca. 20 Minuten durchziehen lassen.

5. Den Apfel waschen, vierteln, entkernen und in dünne Spalten schneiden. Die Fleischwurst in Streifen schneiden und mit den Apfelspalten, dem Gemüse und dem Öl zum Salat geben. Alles gut durchmischen und mit Salz und Pfeffer abschmecken.
In Schälchen angerichtet servieren.

Tipp

Eine fleischlose Variante dieses Rezepts erhalten Sie, wenn Sie die Fleischwurst durch Käsewürfel ersetzen. Hierfür eignen sich alle schnittfesten Käsesorten, wie Gouda, Emmentaler oder Bergkäse.

Waldorf-*Kartoffelsalat* mit Wurst

Backkartoffelsalat mit Schinken und Feta

Zutaten:

(für 4–6 Personen)

800 g festkochende Kartoffeln
2–3 EL Olivenöl
3–4 Stängel Thymian
2 EL Zitronensaft
2 EL Obstessig
150 g Feta
100 g Parmaschinken, in dünnen Scheiben
Meersalz
Pfeffer

Zubereitung:

1. Den Backofen auf 200 °C Umluft vorheizen.
2. Die Kartoffeln gründlich waschen, halbieren oder vierteln und auf einem mit Backpapier belegten Backblech verteilen. Mit dem Öl beträufeln, salzen, pfeffern, vermischen und im Ofen ca. 35 Minuten goldbraun backen. Ab und zu wenden. Aus dem Ofen nehmen und lauwarm abkühlen lassen.
3. Den Thymian abbrausen und trocken schütteln, zu den Kartoffeln geben und mit dem Zitronensaft und dem Essig beträufeln. Mit Salz und Pfeffer abschmecken und mit zerbröckeltem Feta und zerpflücktem Schinken locker vermengen.
4. Nach Belieben den Salat in Weckgläsern servieren.

Tipp

In gut verschließbare Weckgläser gefüllt, eignet sich dieser Salat prima zum Mitnehmen – für das Picknick oder die Mittagspause im Büro.

Zutaten:
(für 4–6 Personen)

800 g kleine, festkochende Kartoffeln
200 g Kirschtomaten
2 Handvoll Rucola
120 g Frühstücksspeck, in Scheiben
2 EL Pflanzenöl
Pfeffer
Salz

Für die Marinade:
125 ml Fleischbrühe
4 EL Weißweinessig
1 TL scharfer Senf

Zubereitung:

1. Die Kartoffeln unter fließendem Wasser gründlich abbürsten und mit 1 TL Salz ca. 20 Minuten kochen. Mit einem spitzen Küchenmesser prüfen, ob sie gar sind.

2. In der Zwischenzeit die Tomaten waschen und halbieren. Den Rucola waschen, verlesen, putzen und trocken schleudern.

3. Den Speck in schmale Streifen schneiden und im heißen Öl knusprig braten.

4. Die Brühe in einem Topf erhitzen und mit dem Essig und dem Senf verrühren. Die Kartoffeln abgießen, ausdampfen lassen, mit der heißen Brühe mischen und ca. 30 Minuten ziehen lassen.

5. Dann den Speck, die Tomaten und den Rucola untermischen. Mit Salz und Pfeffer abschmecken und in einer Schüssel anrichten. Mit Blütenblättern bestreut servieren.

Tipp

Verwenden Sie für diesen Salat nach Möglichkeit Kirsch- oder Cocktailtomaten, da diese wesentlich aromatischer sind als größere Tomatensorten.

Kartoffelsalat mit Tomaten, Speck und Rucola

Katersalat

Zutaten:
(für 4 Personen)

500 g festkochende Kartoffeln
1 Zwiebel
1 säuerlicher Apfel
Saft einer halben Zitrone
2 Gewürzgurken
4 Rollmöpse
125 ml Gemüsebrühe
½ Bund Dill
Salz

Für die Marinade:
2 EL Essig
2 EL Öl
100 g Mascarpone
200 ml süße Sahne
Salz
Pfeffer

Zubereitung:

1. Die Kartoffeln waschen und mit 1 TL Salz ca. 20 Minuten kochen. Mit einem spitzen Küchenmesser prüfen, ob sie gar sind.

2. Während die Kartoffeln kochen, die Zwiebel schälen und fein würfeln. Den Apfel schälen, vom Kerngehäuse befreien und das Fruchtfleisch in Würfel schneiden, sofort mit dem Zitronensaft mischen. Die Gewürzgurken ebenfalls würfeln. Die Rollmöpse jeweils in 3–4 dünnere Scheiben schneiden und beiseitestellen.

3. Die geschälten Kartoffeln in Scheiben schneiden. Die Gemüsebrühe erhitzen, über die noch warmen Kartoffelscheiben gießen und einziehen lassen.

4. Den Dill waschen, trocken schütteln und fein hacken. Die Kartoffelscheiben mit den Apfel-, Gurken- und Zwiebelwürfeln mischen.

5. Aus Essig, Öl, Mascarpone und Sahne eine Marinade rühren, mit Salz und Pfeffer abschmecken, über den Salat gießen und alles vorsichtig miteinander vermengen.

6. Den Salat auf einer Platte anrichten, die Rollmopsscheiben darauflegen und das Ganze mit dem gehackten Dill bestreuen.

Tipp

Wenn man eine besonders schnelle Variante zubereiten möchte, kann man auch fertig in Sahnesoße eingelegte Heringsstücke kaufen. Dann braucht man selbst nur noch die gekochten Kartoffelscheiben unterzuheben.

Bohnen-Kartoffel-Salat mit Makrele

Zutaten:
(für 4–6 Personen)

800 g kleine, festkochende Kartoffeln
4 Frühlingszwiebeln
250 g grüne Bohnen
350 g geräucherte Makrelenfilets
frische Kräuter zum Garnieren

Für die Marinade:
3 EL saure Sahne
3 EL Olivenöl
2–3 EL Weißweinessig
4–5 EL Gemüsebrühe
2–3 EL Zitronensaft
Zucker
Salz
Pfeffer

Zubereitung:

1. Die Kartoffeln waschen und mit 1 TL Salz ca. 20 Minuten kochen. Mit einem spitzen Küchenmesser prüfen, ob sie gar sind.

2. Die Frühlingszwiebeln waschen, putzen und schräg in Ringe schneiden. Die Bohnen waschen, putzen, schräg halbieren und in Salzwasser 4–5 Minuten blanchieren. Während der letzten halben Minute die Frühlingszwiebeln zugeben. Zusammen abgießen, abschrecken und gut abtropfen lassen.

3. Die Kartoffeln abgießen, etwas abkühlen lassen, pellen und je nach Größe halbieren oder vierteln. Die Makrelenfilets zerpflücken.

4. Für die Marinade die saure Sahne mit dem Olivenöl, dem Essig, der Brühe und dem Zitronensaft verrühren und mit Zucker, Salz und Pfeffer abschmecken.

5. Die vorbereiteten Salatzutaten mit den Kartoffeln vermischen, die Marinade unterrühren, abschmecken und auf Teller verteilen. Mit frischen Kräutern nach Belieben garniert servieren.

Tipp

Zu Kartoffeln und grünen Bohnen passen auch sehr gut Matjesfilets. Ersetzen Sie die Makrelenfilets durch Matjesstücke oder servieren Sie alternativ ganze Matjesfilets zum Kartoffel-Bohnen-Salat.

Zutaten:
(für 4 Personen)

400 g festkochende Kartoffeln
200 g grüne Bohnen
2 Frühlingszwiebeln
2 Handvoll Rucola
16 Wachteleier, gekocht
1 rote Chili
12 Riesengarnelen
4 EL Olivenöl
Cayennepfeffer
Salz

Für die Marinade:
4 EL Naturjoghurt
2 EL Salatmayonnaise
1 TL mittelscharfer Senf
1 TL Ketchup
1 EL Weißweinessig
1 Handvoll glatte Petersilie
Cayennepfeffer
Salz
Pfeffer aus der Mühle

Zubereitung:

1. Die Kartoffeln waschen und mit 1 TL Salz ca. 20 Minuten kochen. Mit einem spitzen Küchenmesser prüfen, ob sie gar sind.

2. Für die Marinade den Joghurt mit der Mayonnaise, dem Senf, dem Ketchup und dem Essig verrühren und mit Salz und Cayennepfeffer abschmecken. Die Petersilie waschen, trocken schütteln und die Blättchen in feine Streifen schneiden. Unter die Salatsoße mengen und kühl stellen.

3. Die Bohnen putzen, waschen und in Salzwasser 10 Minuten kochen. Abgießen, kalt abschrecken und gut abtropfen lassen. Die Frühlingszwiebeln waschen, putzen und in schmale Ringe schneiden. Den Rucola waschen, verlesen, putzen und trocken schleudern. Die Eier pellen und halbieren. Den Chili waschen, der Länge nach einschneiden, entkernen und in Streifen schneiden.

4. Die Garnelen in einer heißen Pfanne mit 2 EL Öl unter gelegentlichem Wenden 2–3 Minuten braten und mit Salz und Cayennepfeffer würzen.

5. Die Kartoffeln abgießen, etwas abkühlen lassen, pellen und in Scheiben schneiden. Mit den Eiern, dem Rucola, den Garnelen, dem Chili, den Bohnen, den Frühlingszwiebeln und dem übrigen Öl mischen.

6. Auf Tellern anrichten und mit Pfeffer übermahlen. Die Marinade in Schälchen füllen und separat zum Salat servieren. Nach Belieben frisches Baguette dazu reichen.

Kartoffelsalat mit Bohnen, Ei und Garnelen

Tipp

Wachteleier haben einen etwas intensiveren Geschmack als Hühnereier. Sie werden auf die gleiche Weise wie Hühnereier zubereitet und können natürlich durch diese ersetzt werden.

Warmer Kartoffelsalat mit Forellenfilet

Zutaten:

(für 4–6 Personen)

800 g festkochende Kartoffeln
8 Salatblätter
1 säuerlicher Apfel
300 g geräuchertes Forellenfilet
Kresse zum Garnieren
Salz

Für die Marinade:
1 kleine Zwiebel
1 TL mittelscharfer Senf
125 ml Gemüsebrühe
1–2 TL Honig
6 EL Sonnenblumenöl
3–4 EL Weinessig
Salz
Pfeffer

Zubereitung:

1. Die Kartoffeln waschen und mit 1 TL Salz ca. 20 Minuten kochen. Mit einem spitzen Küchenmesser prüfen, ob sie gar sind.

2. Für die Marinade die Zwiebel schälen und fein würfeln. Den Senf, die heiße Gemüsebrühe, den Honig, das Öl und den Essig gut verrühren, mit Salz und Pfeffer abschmecken und die Zwiebel untermischen.

3. Die Kartoffeln abgießen, etwas abkühlen lassen, pellen und in Scheiben schneiden. Die Kartoffelscheiben in die Marinade geben und etwa 10 Minuten ziehen lassen.

4. Inzwischen die Salatblätter putzen, waschen, trocken schleudern und auf die Teller legen. Den Apfel waschen, vierteln, das Kerngehäuse herausschneiden und die Viertel feinblättrig schneiden. Unter den Salat mischen und abschmecken. Auf dem Salatbett anrichten.

5. Die Forellenfilets zerpflücken und auf den Salat legen. Mit Kresse garniert servieren.

Tipp

Wenn Sie dem Salat eine leichte Schärfe verleihen möchten, können Sie den Senf durch 1 TL Sahnemeerrettich ersetzen. Das passt sehr gut zum Forellenfilet.

Kartoffelsalat

mit Radieschen und Räucherforelle

Zutaten:
(für 4–6 Personen)

800 g kleine, festkochende Kartoffeln
250 g Radieschen
4 EL Rapsöl
150 ml Gemüsebrühe
1 Handvoll junger Spinat
3–4 EL weißer Balsamico
200 g geräuchertes Forellenfilet
Salz
Pfeffer

Tipp

Verwenden Sie nach Möglichkeit stets frisch aus der Mühle gemahlenen Pfeffer. Dieser ist wesentlich aromatischer als fertig gemahlener.

Zubereitung:

1. Die Kartoffeln gründlich waschen und mit 1 TL Salz ca. 20 Minuten kochen. Mit einem spitzen Küchenmesser prüfen, ob sie gar sind. Anschließend kurz abkühlen lassen und halbieren.

2. Die Radieschen waschen, putzen und halbieren. In 1 EL heißem Öl kurz anschwitzen. Mit der Brühe ablöschen.

3. Den Spinat waschen, putzen und zu den Radieschen geben. Mit Salz und Pfeffer würzen, 1–2 Minuten dünsten und mit dem Essig und den Kartoffeln in einer Schüssel vermischen. Lauwarm abkühlen lassen.

4. Den Fisch kleiner zupfen, locker mit dem restlichen Öl unter den Salat mengen, mit Salz und Pfeffer abschmecken und servieren.

Kartoffel-Rettich-Salat mit Krabben

Zutaten:
(für 4–6 Personen)

600 g festkochende Kartoffeln
250 g Rettich, z. B. Eiszapfen
2 Stangen Staudensellerie
150 g Nordseekrabben
1 rote Zwiebel
6–8 Radieschen

Für die Marinade:
120 ml Gemüsebrühe
1–2 EL Apfelessig
5 EL Olivenöl
2 EL frischer Kerbel, gehackt
2–3 EL Zitronensaft

Zucker
Salz
Pfeffer

Zubereitung:

1. Die Kartoffeln schälen, waschen und in Spalten schneiden. In Salzwasser ca. 20 Minuten gar kochen.

2. Den Rettich und den Sellerie schälen bzw. waschen und putzen. Beides in ca. 10 cm lange, feine Scheiben schneiden oder hobeln (oder mit einem Sparschäler). Das Selleriegrün hacken.

3. Die Brühe mit dem Essig, dem Öl, dem Selleriegrün, dem Kerbel und dem Zitronensaft verrühren. Alles mit Zucker, Salz und Pfeffer abschmecken.

4. Die Kartoffeln abgießen und ausdampfen lassen. Mit dem Sellerie, dem Rettich und den Krabben in eine Schüssel geben und die Hälfte der Marinade untermischen. Etwa 15 Minuten ziehen lassen.

5. Währenddessen die Zwiebel schälen und in feine Ringe schneiden. Die Radieschen waschen, putzen und stifteln.

6. Den Salat auf Tellern anrichten, die Zwiebelringe und die Radieschen darauf setzen und mit der übrigen Marinade beträufelt servieren.

Tipp

Es gibt verschiedene Rettichsorten, wie z. B. Radieschen, Eiszapfen oder Schwarzer Winter-Rettich. Für diesen Salat eignen sich vor allem die zarten Frühsorten, wie Eiszapfen.

Register

Genehmigte Lizenzausgabe
EDITION XXL GmbH
Industriestraße 19
64407 Fränkisch-Crumbach 2019
www.edition-xxl.de

Idee und Projektleitung: Sonja Sammüller
Layout, Satz und Umschlaggestaltung:
design cat GmbH

ISBN 978-3-89736-169-0

Bildnachweis
picture-alliance: Stockfood/Arras, Klaus 33; Stockfood/Bender, Uwe 63; Stockfood/Bialy, Boguslaw 36–37; Stockfood/Bischof, Harry 35; Stockfood/Castilho, Rua 38; Stockfood/Eising Studio - Food Photo & Video 31; Stockfood/Hart, Michael 71; Stockfood/ISTL 77; Stockfood/Kirchherr, Jo 73; Stockfood/Persson, Per Magnus 66–67; Stockfood/Schanz, Susanne 64; Stockfood/Schwabe, Kai 42–43; Stockfood/Studio Schiermann 75; Stockfood/Twellmann, Birgit 41; Stockfood/van Lokven, Eric 79

shutterstock: Gorbenko Olena 4; Kondor83 4; Nella 5, 7, 9, 11, 12, 15, 17, 19, 21, 23, 24, 27, 29, 30, 32, 34, 37, 38, 40, 43, 45, 46, 49, 51, 53, 54, 57, 59, 60, 62, 65, 66, 69, 71, 73, 75, 76, 79

Alle weiteren Fotos: design cat GmbH